Counting, shapes, colours
Compter, formes, couleurs

pink
rose

black
noir

purple
violet

red
rouge

blue
bleu

yellow
jaune

green
vert

brown
marron/brun

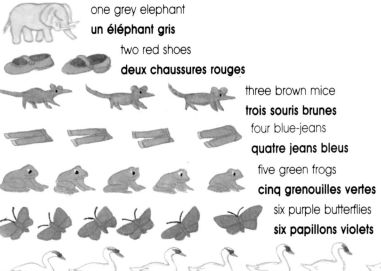

one grey elephant
un éléphant gris

two red shoes
deux chaussures rouges

three brown mice
trois souris brunes

four blue-jeans
quatre jeans bleus

five green frogs
cinq grenouilles vertes

six purple butterflies
six papillons violets

seven white swans
sept cygnes blancs

eight black cats
huit chats noirs

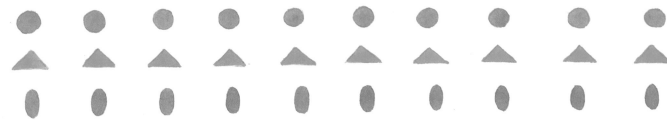

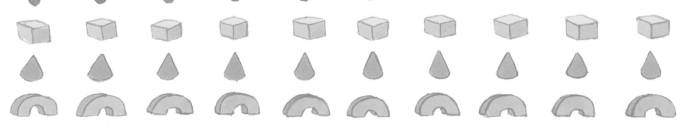

thirty ice creams
trente glaces

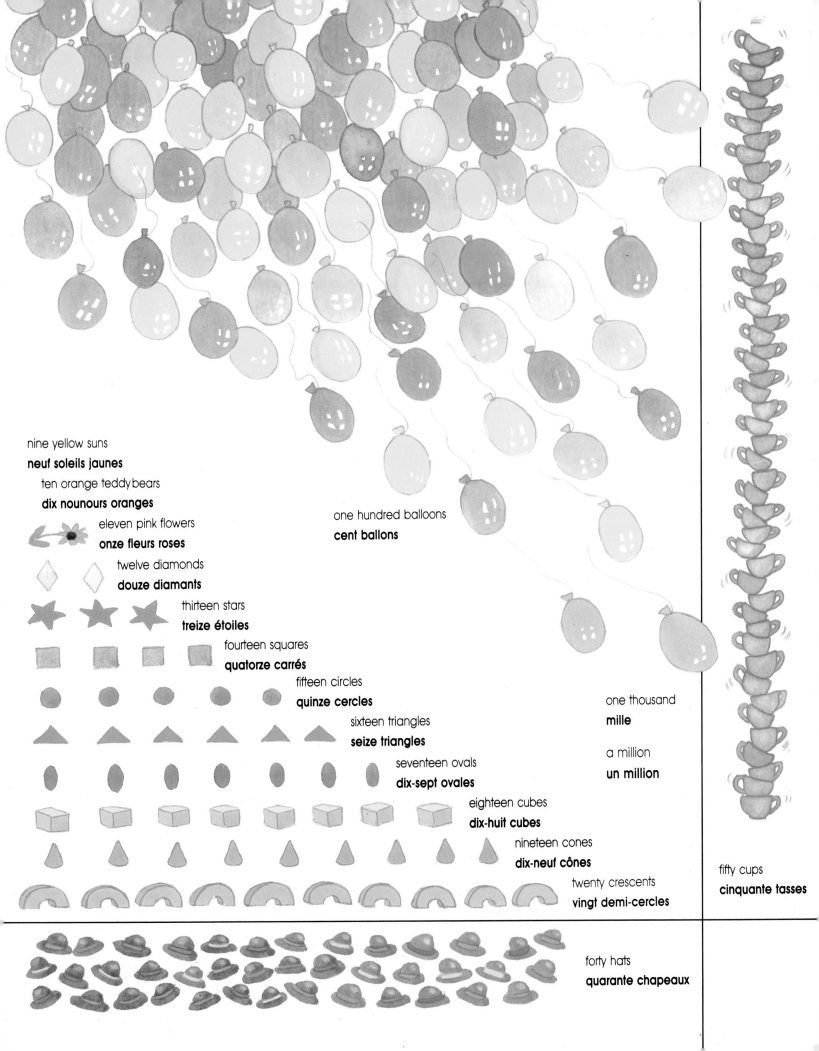

nine yellow suns
neuf soleils jaunes

ten orange teddy bears
dix nounours oranges

eleven pink flowers
onze fleurs roses

twelve diamonds
douze diamants

thirteen stars
treize étoiles

fourteen squares
quatorze carrés

fifteen circles
quinze cercles

sixteen triangles
seize triangles

seventeen ovals
dix-sept ovales

eighteen cubes
dix-huit cubes

nineteen cones
dix-neuf cônes

twenty crescents
vingt demi-cercles

one hundred balloons
cent ballons

one thousand
mille

a million
un million

fifty cups
cinquante tasses

forty hats
quarante chapeaux

FUN
TO LEARN
FRENCH

COMPILED BY JOHN GRISEWOOD
ILLUSTRATED BY KATY SLEIGHT

Kingfisher Books

Kingfisher Books, Grisewood & Dempsey Ltd,
Elsley House, 24–30 Great Titchfield Street,
London W1P 7AD

First published in paperback in 1993
by Kingfisher Books

10 9 8 7 6 5 4 3 2 1

Originally published in hardback in 1991
by Kingfisher Books

BRITISH LIBRARY CATALOGUING IN PUBLICATION DATA
A catalogue record for this book is available
from the British Library

ISBN 1 85697 022 1

Translation consultant: Peter Barber
Cover design: The Pinpoint Design Company
Illustrations: Katy Sleight

Phototypeset by Wyvern Typesetting, Bristol.
Printed in Spain

About your book

All the French words are printed in bold heavy type like this – **le chien**; the English words are printed in ordinary type like this – dog.

In French *all* nouns are either masculine or feminine – not just obvious ones such as 'a girl' (**une fille**) or 'a boy' (**un garçon**) but every word. So 'snow' (**la neige**) is feminine but 'book' (**le livre**) is masculine. That is why most of the words in this book have **le** or **la** (the) or **un** or **une** (a or an) before them. **Le** shows that the word is masculine – **le soleil** (the sun) – and **la** shows that the word is feminine – **la neige** (the snow). Before a word in the plural **le** and **la** become **les** – **les maisons(f)** (the houses) and **les paniers(m)** (baskets). The (**f**) and (**m**) tell us that the word is masculine or feminine. In the same way **un** goes before masculine words – **un homme** (man) – and **une** goes before feminine words – **une banane** (a banana).

When learning French words by heart it is important to memorize them with the **le** or **la** or **un** or **une** that goes before. It will make learning the language much easier.

How to say the words

We have deliberately not shown how the words are pronounced. There are sounds in French which are quite unlike any we make in English. So it is far better that you should ask a teacher or someone who can speak the language how to pronounce the words in the correct way. Best of all ask a French person!

When to use *tu*

Tu is used in French when talking to one close friend or a relation. **Comment t'appelles-tu?** – What's your name? In all other cases in French you use **vous** whether for one or more people. **Elles** is used in French when 'they' are all female. If 'they' are all male or a mixture of male and female you should use **ils**.

The publishers would like to thank Universal Translators of London for their help in checking the translation of this book.

Contents

Sommaire

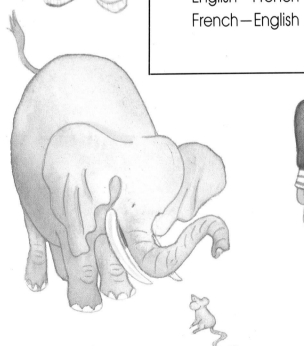

shoulder
l'épaule (f)

toe
l'orteil (m)

teeth
les dents (f)

neck
le cou

chest
la poitrine

chin
le menton

finger
le doigt

arm
le bras

ear
l'oreille (f)

eight
huit
8

The body
Le corps

stomach
l'estomac (m)

face
le visage

hand
la main

knee
le genou

hair
les cheveux (m)

leg
la jambe

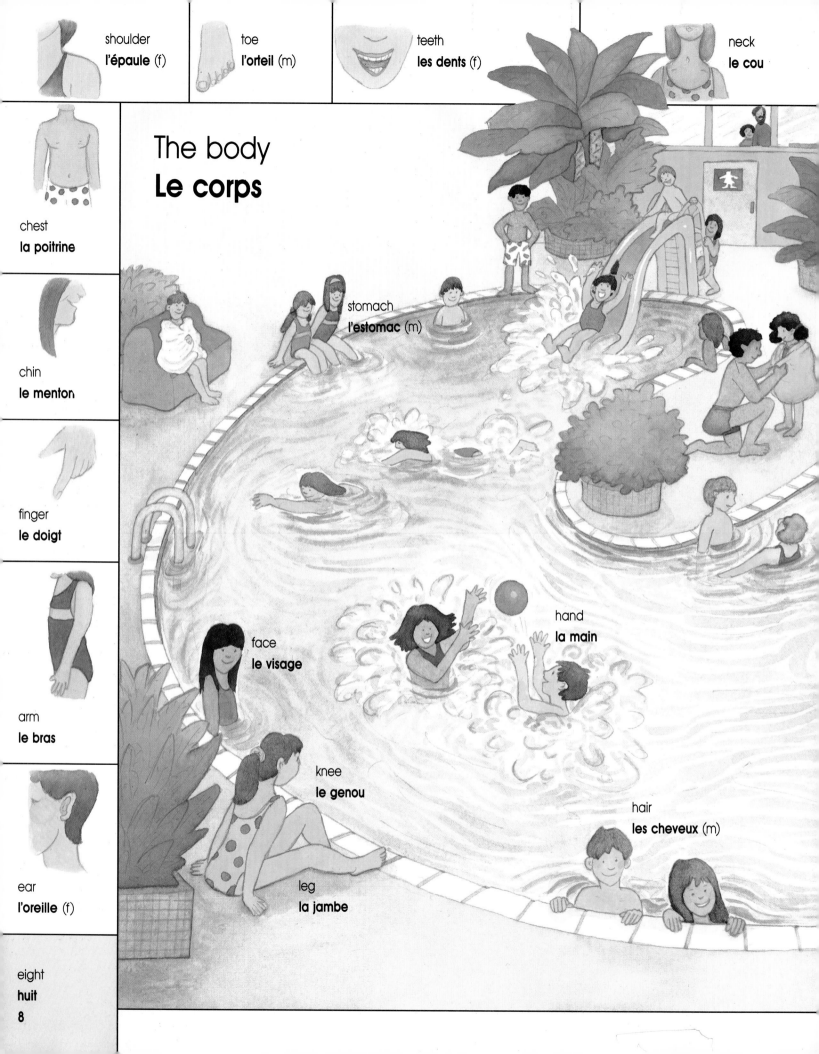

ankle
la cheville

thumb
le pouce

nose
le nez

eyes
les yeux

mouth
la bouche

tongue
la langue

beard
la barbe

whistle
un sifflet

foot
le pied

cheek
la joue

swimming pool
la piscine

elbow
le coude

head
la tête

back
le dos

nine
neuf
9

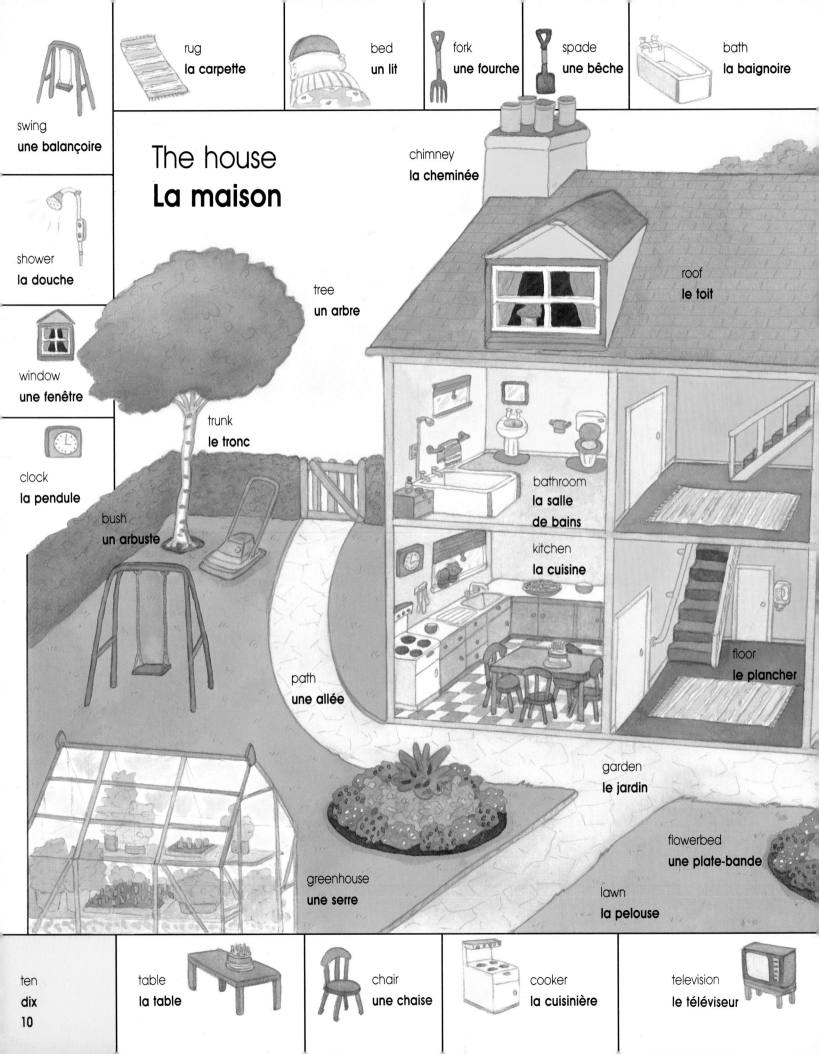

swing
une balançoire

rug
la carpette

bed
un lit

fork
une fourche

spade
une bêche

bath
la baignoire

shower
la douche

The house
La maison

chimney
la cheminée

roof
le toit

window
une fenêtre

tree
un arbre

clock
la pendule

trunk
le tronc

bush
un arbuste

bathroom
**la salle
de bains**

kitchen
la cuisine

floor
le plancher

path
une allée

garden
le jardin

flowerbed
une plate-bande

greenhouse
une serre

lawn
la pelouse

ten
dix
10

table
la table

chair
une chaise

cooker
la cuisinière

television
le téléviseur

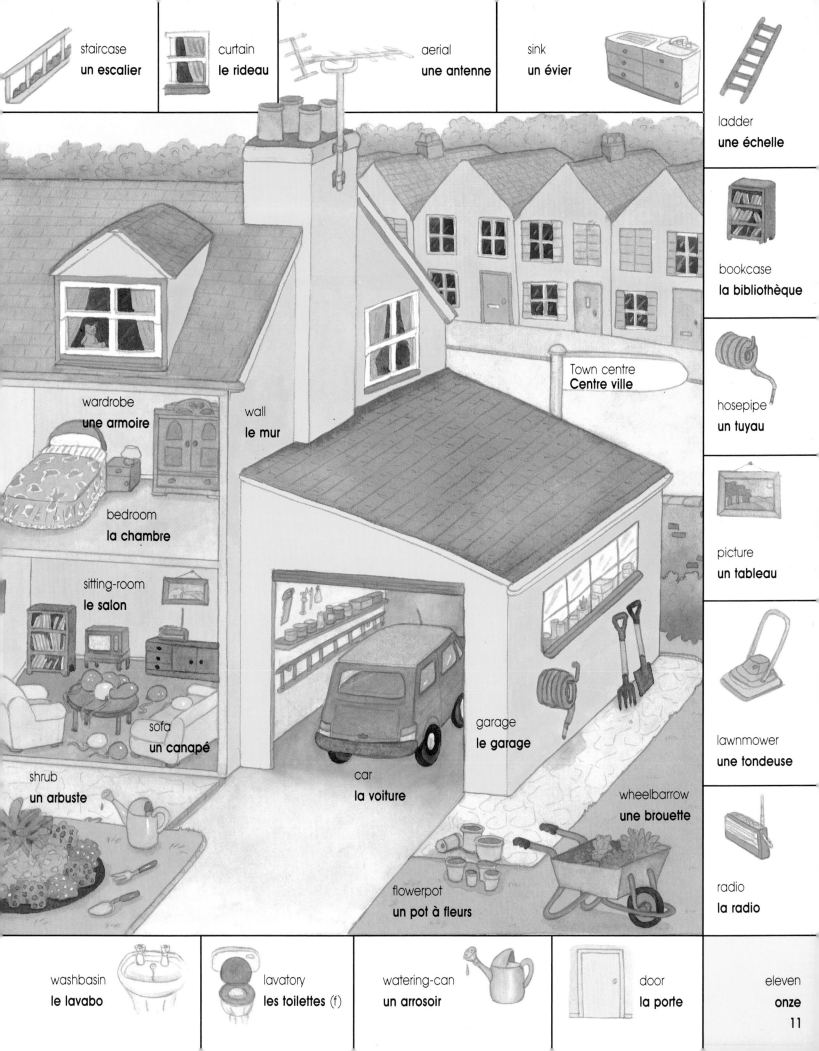

staircase
un escalier

curtain
le rideau

aerial
une antenne

sink
un évier

ladder
une échelle

bookcase
la bibliothèque

hosepipe
un tuyau

Town centre
Centre ville

picture
un tableau

wardrobe
une armoire

wall
le mur

bedroom
la chambre

sitting-room
le salon

lawnmower
une tondeuse

garage
le garage

sofa
un canapé

shrub
un arbuste

car
la voiture

wheelbarrow
une brouette

flowerpot
un pot à fleurs

radio
la radio

washbasin
le lavabo

lavatory
les toilettes (f)

watering-can
un arrosoir

door
la porte

eleven
onze

11

belt
la ceinture

hairbrush
**une brosse
à cheveux**

socks
les chaussettes (f)

tights
le collant

handkerchief
un mouchoir

comb
le peigne

umbrella
un parapluie

skirt
la jupe

vest
**le tricot
de corps**

Clothes
Les vêtements?

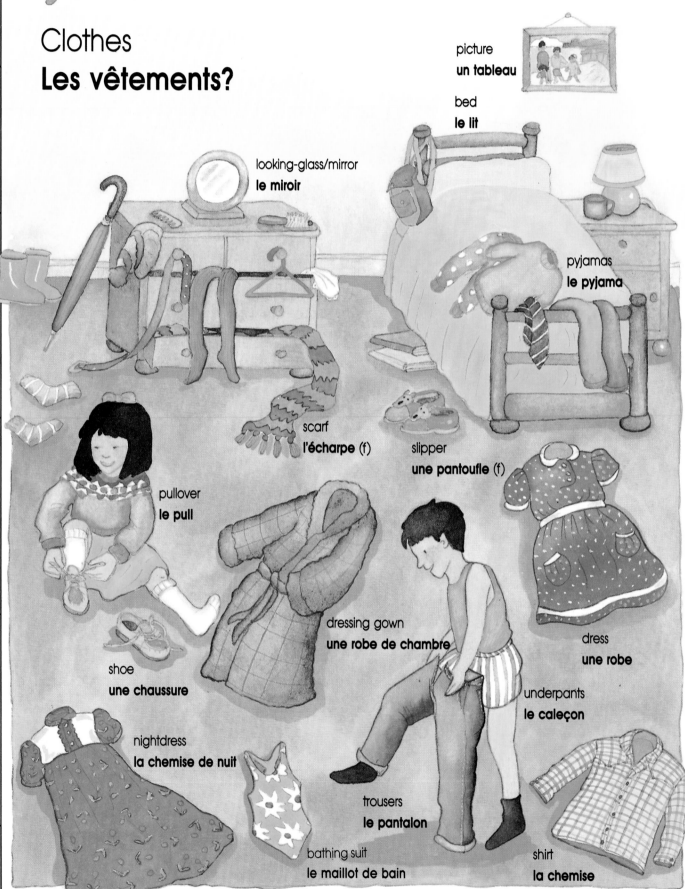

picture
un tableau

bed
le lit

looking-glass/mirror
le miroir

pyjamas
le pyjama

scarf
l'écharpe (f)

slipper
une pantoufle (f)

pullover
le pull

dressing gown
une robe de chambre

dress
une robe

shoe
une chaussure

underpants
le caleçon

nightdress
la chemise de nuit

trousers
le pantalon

bathing suit
le maillot de bain

shirt
la chemise

tie
une cravate

hanger
le cintre

bag
un sac

pocket
une poche

cloak
une cape

helmet
le casque

astronaut
l'astronaute

firefighter
un pompier

ballet dancer
une danseuse de ballet

knight
un chevalier

collar
le collier

lead
une laisse

hood
la capuche

hat
un chapeau

overcoat
le manteau

tail
la queue

snowman
le bonhomme de neige

wellies
les bottes

mitten
la moufle

glove
le gant

raincoat
l'imperméable (m)

thirteen
treize

13

balloon
le ballon

plate
l'assiette (f)

cracker
le diablotin

cat
le chat

cowgirl
la cowgirl

present
le cadeau

card
la carte

record
le disque

piano
un piano

fourteen
quatorze
14

A party
Une fête

plant
la plante

door
la porte

armchair
le fauteuil

paper hat
le chapeau en papier

food
la nourriture

sandwich
un sandwich

drinking straw
une paille

music
la musique

bow tie
le nœud papillon

mask
un masque

bottle
la bouteille

lantern
une lanterne

lollipop
une sucette

hamburger
le hamburger

beaker
le gobelet

biscuit
un biscuit

crisps
les chips

candle
une bougie

camera
**l'appareil —
photo** (m)

cake
le gâteau

shelf
le rayon

glass
un verre

dog
le chien

puppy
le chiot

clown
le clown

paper chain
la banderole

bow
**Le nœud
de ruban**

spoon
la cuillère

record player
le tourne-disque

fifteen
quinze

15

torch
la lampe de poche

dominoes
les dominos

bunk
les lits superposés (m)

puppet
la marionnette

kite
le cerf-volant

satchel
le cartable

Playtime
La récréation

shelves
les rayons (m)

painting
la peinture

book
un livre

scarf
l'écharpe (f)

toy box
la boîte à jouets

soldier
un soldat

sailor
un marin

tricycle
le tricycle

boy
un garçon

rug
la carpette

sixteen
seize
16

Noah's ark
l'arche de Noé (f)

spinning top
la toupie

paint **la peinture**

railway line
la voie ferrée

locomotive
la locomotive

aeroplane
un avion

bricks
les cubes (m)

doll's house
la maison de poupée

teddy bear
**un nounours
un ours en peluche**

ladder
l'échelle (f)

duvet
la couette

girl
une fille

bridge
le pont

easel
un chevalet

mobile
le mobile

skipping rope
la corde à sauter

football
le ballon de football

roller skates
les patins à roulettes

jigsaw puzzle
le puzzle

dolphin
un dauphin

fish
un poisson

monkey
un singe

spider
une araignée

parrot
un perroquet

penguin
un pingouin

butterfly
un papillon

tiger
un tigre

Noah's Ark
L'Arche de Noé

two eagles
deux aigles

two elephants
deux éléphants

two camels
deux chameaux

eighteen
dix-huit

18

wolf
un loup

porcupine
un porc-épic

leopard
un léopard

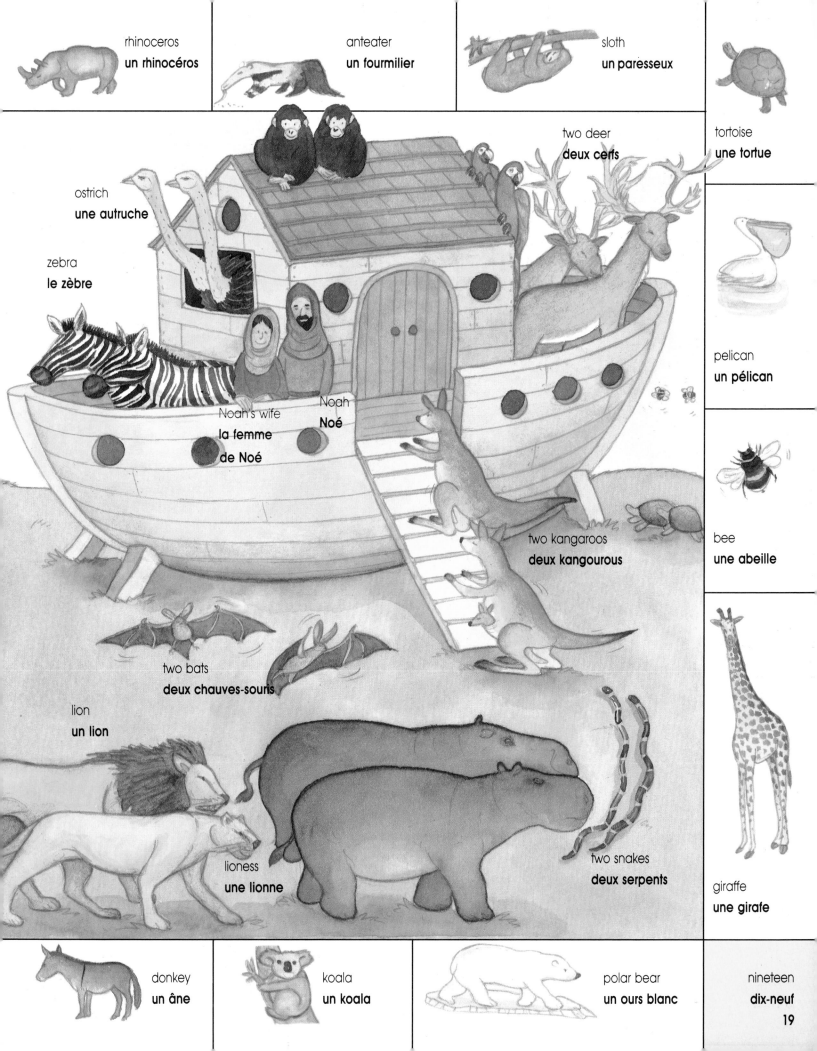

rhinoceros
un rhinocéros

anteater
un fourmilier

sloth
un paresseux

tortoise
une tortue

two deer
deux cerfs

ostrich
une autruche

zebra
le zèbre

pelican
un pélican

Noah's wife
la femme de Noé

Noah
Noé

bee
une abeille

two kangaroos
deux kangourous

two bats
deux chauves-souris

giraffe
une girafe

lion
un lion

two snakes
deux serpents

lioness
une lionne

donkey
un âne

koala
un koala

polar bear
un ours blanc

nineteen
dix-neuf

19

barge
une péniche

tent
une tente

caravan
une caravane

bonnet(car)
le capot

canoe
un canoë

helmet
le casque

wheel
une roue

helicopter
l'hélicoptère (m)

Off we go
En route

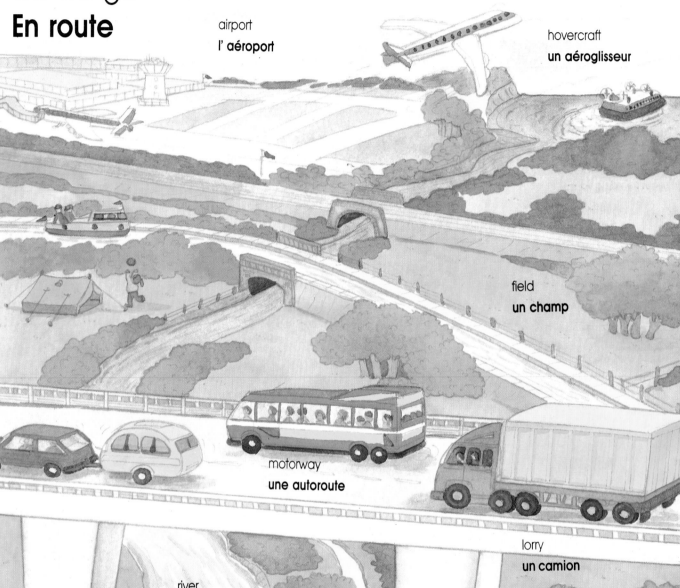

airport
l' aéroport

hovercraft
un aéroglisseur

field
un champ

motorway
une autoroute

lorry
un camion

river
une rivière

pony
le poney

fishing rod
la canne à pêche

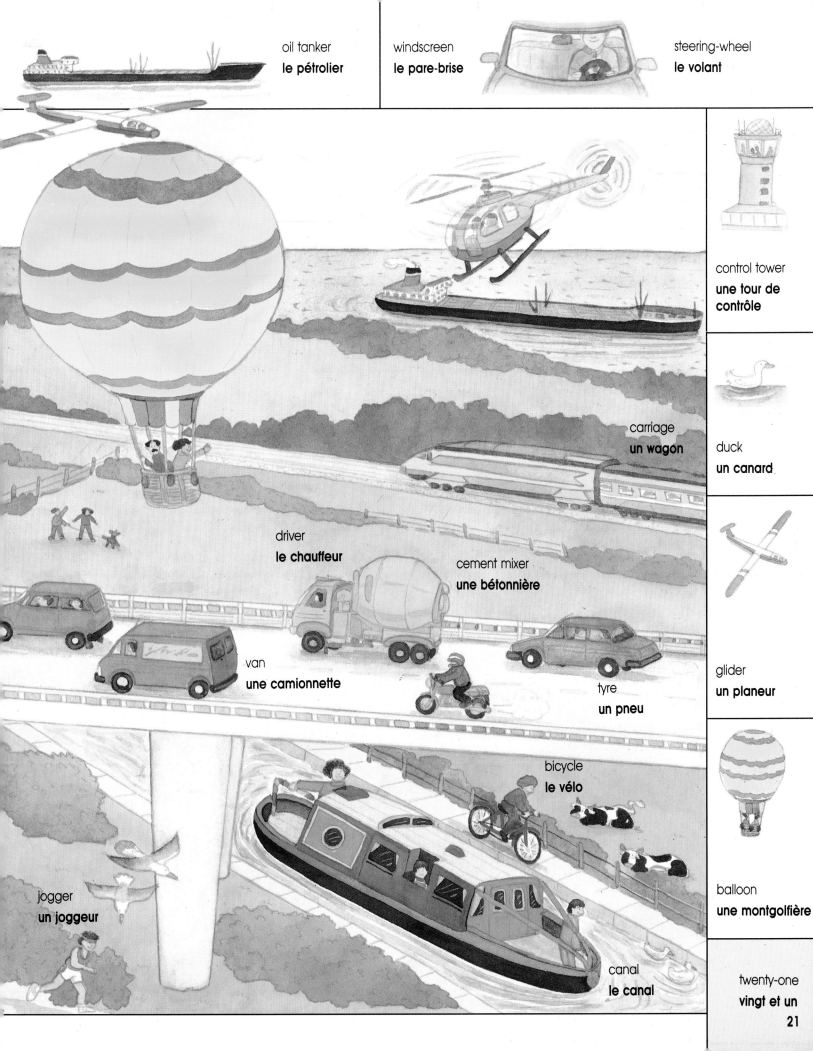

oil tanker
le pétrolier

windscreen
le pare-brise

steering-wheel
le volant

control tower
une tour de contrôle

carriage
un wagon

duck
un canard

driver
le chauffeur

cement mixer
une bétonnière

glider
un planeur

van
une camionnette

tyre
un pneu

bicycle
le vélo

balloon
une montgolfière

jogger
un joggeur

canal
le canal

twenty-one
vingt et un

21

newsagent
**le marchand
de journaux**

factory
une usine

lorry
un camion

bridge
le pont

Our town
Notre ville

airport
un aéroport

supermarket
le supermarché

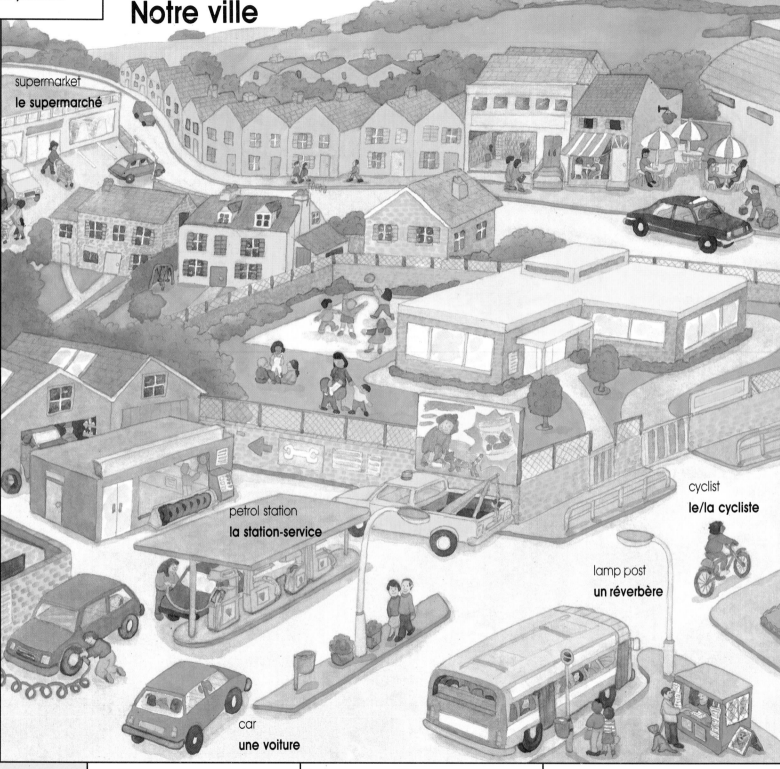

cyclist
le/la cycliste

petrol station
la station-service

lamp post
un réverbère

car
une voiture

our house
notre maison (f)

church
une église

motor bike
la moto

bus
un autobus

aeroplane
un avion

café
un café

statue
une statue

train
le train

railway station
la gare

fire station
**la caserne
des pompiers**

canal
le canal

pavement
le trottoir

road
la chaussée

flats
un immeuble

hotel
un hôtel

telephone box
**une cabine
téléphonique**

cinema
le cinéma

twenty-three
vingt-trois

tractor
un tracteur

plough
une charrue

henhouse
le poulailler

squirrel
un écureuil

In the country
A la campagne

windmill
un moulin

sky
le ciel

village
le village

horse
un cheval

piglet
un cochonnet

gate
la barrière

farmyard
la cour de ferme

goat
une chèvre

butterfly
un papillon

bull
le taureau

cowshed
l'étable (f)

hen
la poule

farmer (woman)
une fermière

barn
la grange

hill
une colline

scarecrow
un épouvantail

mountain
une montagne

wood
un bois

rabbit
un lapin

To the beach
A la plage

field
un champ

hedge
la haie

sheep
un mouton

lamb
l'agneau (m)

girl
une fille

man
un homme

woman
une femme

bird
un oiseau

dog
un chien

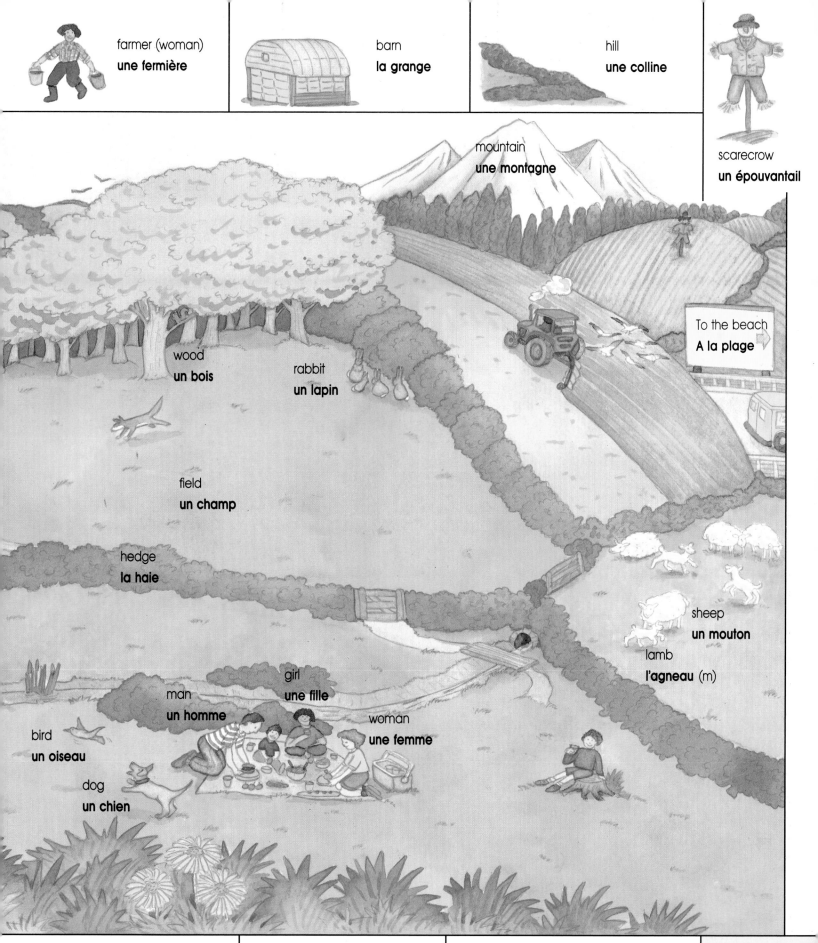

goose
l'oie (f)

pig
le cochon

fox
le renard

twenty-five
vingt-cinq

ship
un navire

sea
la mer

beach ball
un ballon de plage

beach hut
une cabine

cliff
une falaise

crab
le crabe

surfer
un surfeur

yacht
un voilier

umbrella
un parasol

At the beach
A la plage

sky
le ciel

cloud
un nuage

island
une île

surf-board
la planche de surf

motor boat
une vedette à moteur

fisherman
un pêcheur

rowing-boat
un bateau à rames

seagull
une mouette

deck-chair
un transat

lifeguard
le maître-nageur

spade
une pelle

rock
le rocher

life-belt
**une bouée
de sauvetage**

wave
une vague

cave
une grotte

shell
le coquillage

bucket
un seau

seaweed
les algues (f)

ice cream
une glace

sand castle
**un château
de sable**

sail
une voile

lighthouse
un phare

sand
le sable

flag
le drapeau

café
un café

railing
le parapet

climb
grimper

talk **parler**

break **casser**

hang **suspendre**

follow **suivre**

What shall we do?
Que faire?

look for **chercher**

open **ouvrir**

run **courir**

push **pousser**

cry **pleurer**

hide **se cacher**

hold **tenir**

tear **déchirer**

read **lire**

think **penser**

write **écrire**

skip **sauter à la corde**

watch **regarder**

smile **sourire**

carry
porter

sit
s'asseoir

pick up
ramasser

pour
verser

stand
être debout

drop
laisser tomber

kick
donner un coup de pied

shout
crier

pull
tirer

eat
manger

drink
boire

listen
écouter

lean
s'appuyer

play
jouer

sleep
dormir

throw
lancer

catch
attraper

jump
sauter

twenty-nine
vingt-neuf

29

easel
le chevalet

goal
le but

microphone
le microphone

brother and sister
un frère et une sœur

paintbrush
le pinceau

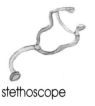

stethoscope
le stéthoscope

thirty
trente

30

castle
le château

patient
un(e) malade

palette
la palette

saucepan
la casserole

I want to be …
Je voudrais être …

singer
chanteuse (f)
chanteur (m)

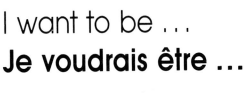

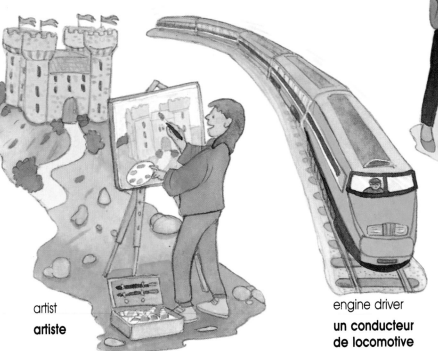

band
l'orchestre (m)

artist
artiste

engine driver
un conducteur de locomotive

jockey
jockey

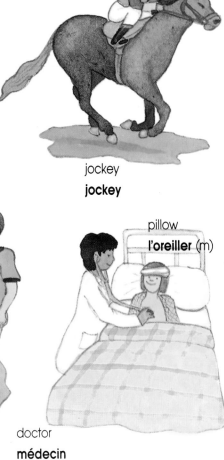

father
un père

mother
une mere

baby
le bébé

pillow
l'oreiller (m)

child/children
l'enfant/les enfants

footballer
joueur de football

doctor
médecin

stage
la scène

bandage
le pansement

paint
la peinture

bowl
le bol

pupil
un(e) élève

computer
l'ordinateur (m)

drums
les tambours (m)

wastepaper basket
la corbeille à papier

actress   actor
actrice (f) **acteur** (m)

pilot
pilote (m/f)

shopkeeper
marchand(e)

jockey's cap
la casquette de jockey

editor
rédacteur/rédactrice

clown
clown

teacher
professeur (m/f)

guitar
la guitare

customer
un(e) client(e)

builder
maçon

cook
cuisinier/cuisinière

reins
les rênes (f)

saddle
une selle

safety helmet
un casque

brick
une brique

food mixer
un batteur électrique

baby
le bébé

box
la boîte

lamp
la lampe

penguin
un pingouin

Opposites
Les contraires

long
long/longue

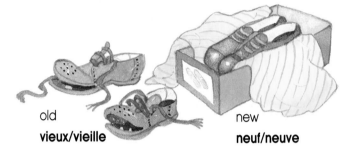
short
court(e)

hot
chaud(e)

cold
froid(e)

old
vieux/vieille

new
neuf/neuve

deep
profond(e)

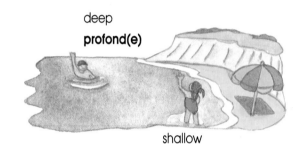
shallow
peu profond(e)

bottle
une bouteille

wet
mouillé(e)

dry
sec/sèche

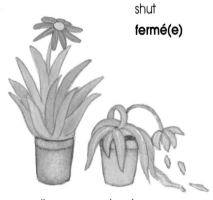
shut
fermé(e)

open
ouvert(e)

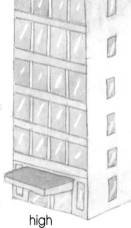

skyscraper
le gratte-ciel

fat
gros(se)

thin
maigre

alive
vivant(e)

dead
mort(e)

low
bas/basse

high
haut(e)

cottage
la chaumière

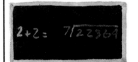
blackboard
un tableau

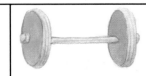
weight
un haltère

cactus
le cactus

stool
le tabouret

puddle
une flaque d'eau

sour
acide

sweet
sucré(e)

slow
lent(e)

fast
rapide

obedient
obéissant(e)

naughty
méchant(e)

light off
éteint(e)

light on
allumé(e)

palm
un palmier

little
petit(e)

big
grand(e)

cook
un cuisinier

clean
propre

dirty
sale

hard
dur(e)

soft
doux/douce

strong
fort(e)

weak
faible

full
plein(e)

empty
vide

easy
facile

difficult
difficile

waitress
une serveuse

2+2= 7⟌22369

iceberg
un iceberg

lemon
un citron

bar of chocolate
une tablette de chocolat

I
je

you
tu (familiar)
vous (polite)

he   she
il   **elle**

we
nous

they
ils or **elles**

gate
**une barrière/
une porte**

steps
un escalier

wall
le mur

Where are you?
Où es-tu?

From the zoo
Du zoo

To the zoo
Au zoo

the first
**le premier
la première** (f)

the last
**le dernier
la dernière** (f)

over
par-dessus

under
sous

behind
derrière

in front
devant

with
avec

without
sans

climbing frame
une cage à poules

sand-pit
un bac à sable

Three little words
Trois petits mots

and
et

but
mais

very
très

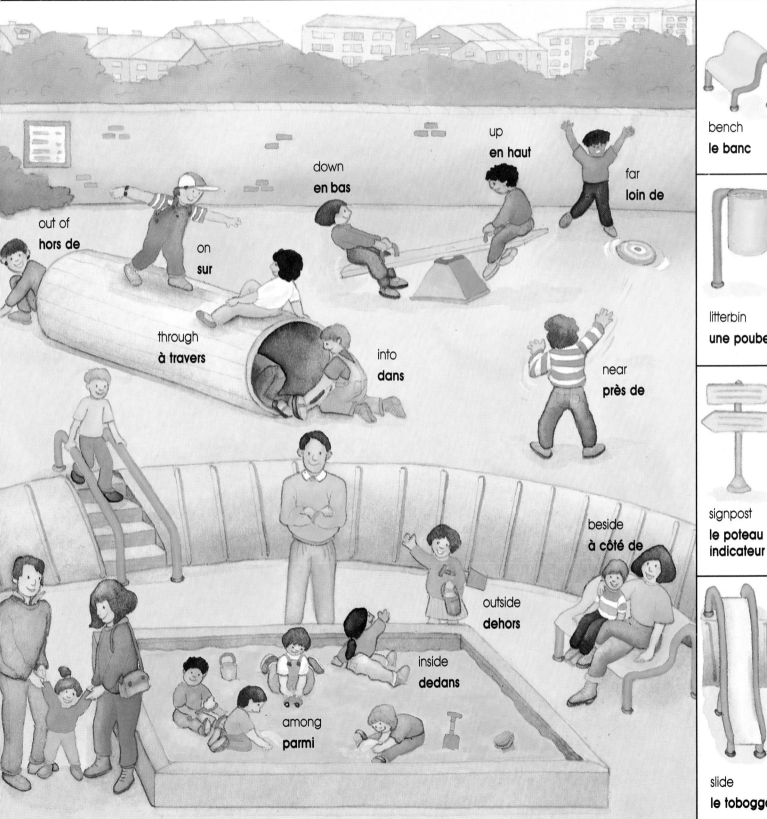

out of
hors de

down
en bas

up
en haut

far
loin de

on
sur

through
à travers

into
dans

near
près de

beside
à côté de

outside
dehors

inside
dedans

among
parmi

bench
le banc

litterbin
une poubelle

signpost
le poteau indicateur

slide
le toboggan

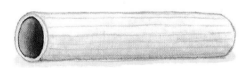

funnel
un tunnel

seesaw
une bascule

thirty-five
trente-cinq

35

What's the weather?
Quel temps fait-il?

les mois (m)

January	May	September
janvier	**mai**	**septembre**
February	June	October
février	**juin**	**octobre**
March	July	November
mars	**juillet**	**novembre**
April	August	December
avril	**août**	**décembre**

the months

year
un an/une année

seasons
les saisons (f)

spring
le printemps

It's a nice day.
Il fait beau

sun
le soleil

summer
l'été (m)

It is warm.
Il fait chaud.

autumn
l'automne (m)

It is windy
Il y a du vent

winter
l'hiver (m)

It's cold.
Il fait froid.

sledge
la luge

rain
la pluie

snow
la neige

snowman
un bonhomme de neige

wind
le vent

daffodil
une jonquille

rainbow
un arc-en-ciel

cock
un coq

morning
le matin

afternoon
l'après-midi

evening
le soir

night
la nuit

leaf
une feuille

moon
la lune

alarm clock
un réveil

owl
le hibou

It is a quarter past eight.
Il est huit heures et quart.

It is seven o'clock.
Il est sept heures.

day
un jour

week
une semaine

It is twelve noon.
Il est midi.

Monday
lundi

Friday
vendredi

Tuesday
mardi

Saturday
samedi

Wednesday
mercredi

Sunday
dimanche

Thursday
jeudi

It is five to three.
Il est trois heures moins cinq.

scarf
une écharpe

It is ten past nine
Il est neuf heures dix

It is half past five.
Il est cinq heures et demie.

diary
un journal

yesterday
hier

today
aujourd'hui

tomorrow
demain

thirty-seven
trente-sept

37

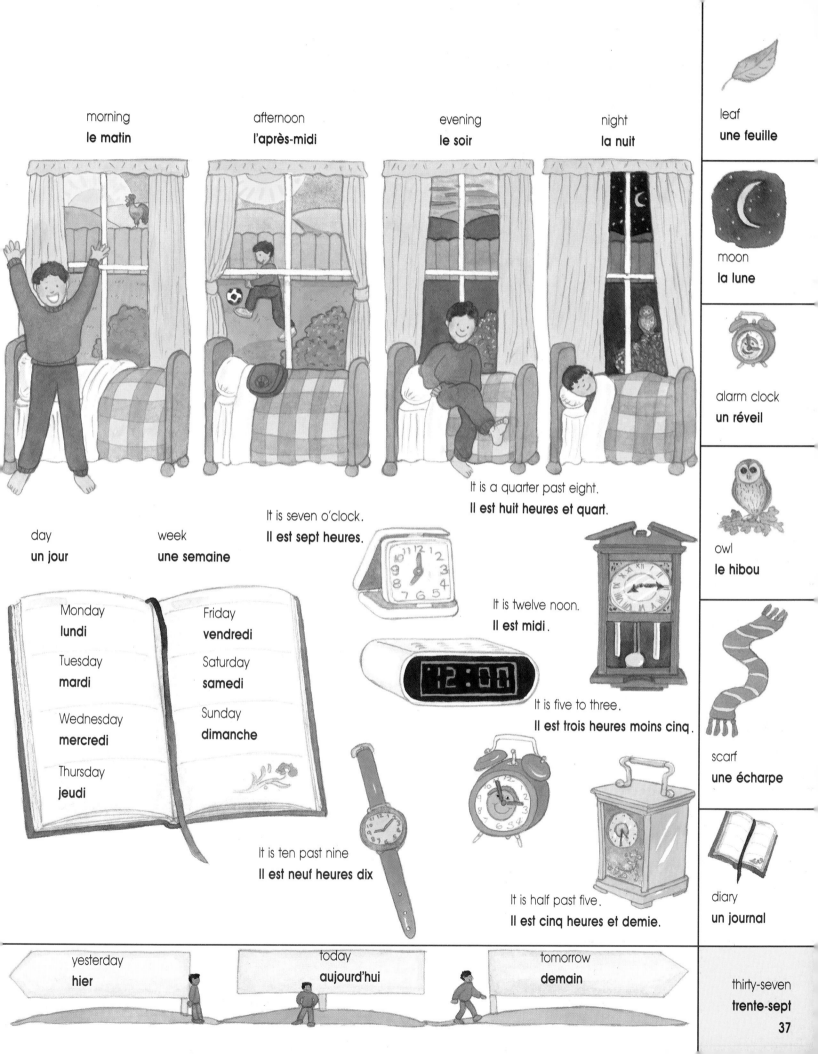

Where?
Où?

How much/
How many?
Combien?

When?
Quand?

Why?
Pourquoi?

How are things?
Ça va?

Have you...?
Avez-vous...?

Is there...?
Are there...?
Y a-t-il...?

Do you speak
French/English?
**Parlez-vous
français/
anglais?**

I have	you have	he has	she has
j'ai	**tu as** (familiar)	**il a**	**elle a**

First Phrases
Premières expressions

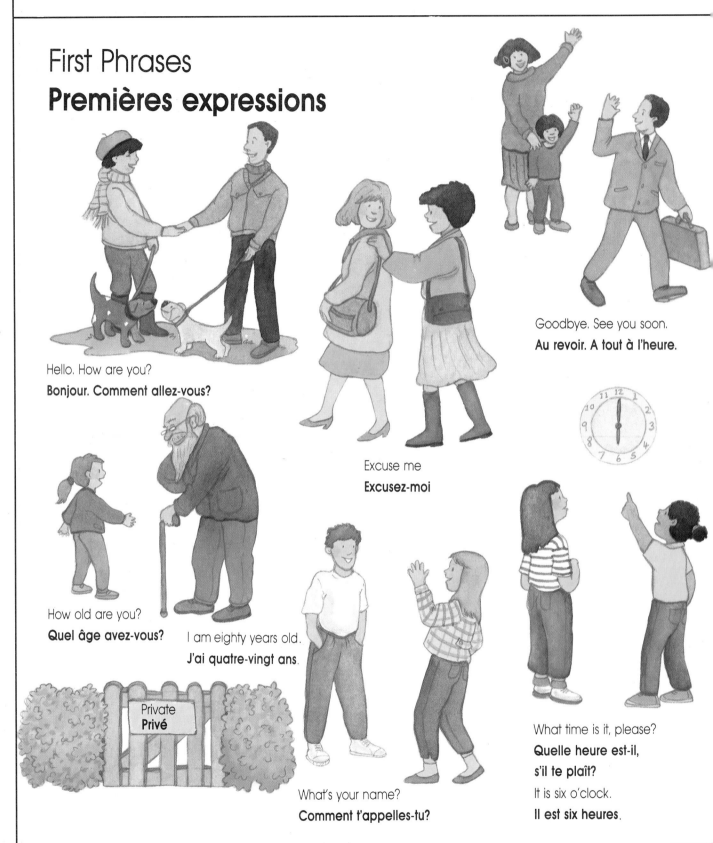

Hello. How are you?
Bonjour. Comment allez-vous?

Excuse me
Excusez-moi

Goodbye. See you soon.
Au revoir. A tout à l'heure.

How old are you?
Quel âge avez-vous?

I am eighty years old.
J'ai quatre-vingt ans.

Private
Privé

What's your name?
Comment t'appelles-tu?

What time is it, please?
**Quelle heure est-il,
s'il te plaît?**

It is six o'clock.
Il est six heures.

we have	you have	they have	I am	you are
nous avons	**vous avez (formal)**	**ils** or **elles ont**	**je suis**	**tu es (familiar)**

Mr Smith
Monsieur Dupont

Mrs Smith
Madame Dupont

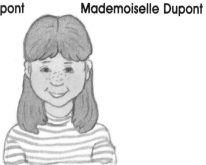

Miss Smith
Mademoiselle Dupont

man	father	woman	mother	girl	daughter
un homme	**le père**	**une femme**	**la mère**	**une jeune fille**	**la fille**

he is
il est

she is
elle est

on the right	on the left	straight ahead	behind	in front of
à droite	**à gauche**	**tout droit**	**derrière**	**devant**

we are
nous sommes

you are
vous êtes
(formal)

they are
ils or **elles sont**

open	closed	I am hungry	I am thirsty
ouvert	**fermé**	**J'ai faim.**	**J'ai soif.**

please
s'il vous plaît

thank you
merci

Word list/Vocabulaire

English—French

actor	un acteur	but	mais	doll's house	la maison de poupeé
actress	une actrice	butterfly	un papillon	dolphin	un dauphin
aerial	une antenne			dominoes	les dominos
aeroplane	un avion	cactus	le cactus	donkey	un âne
afternoon	l' après-midi	café	un café	door	la porte
airport	un aéroport	cake	le gâteau	dressing gown	une robe de chambre
alarm clock	un réveil	camel	un chameau	dress	une robe
alive	vivant(e)	camera	l'appareil photo (m)	drink	boire
among	parmi	canal	le canal	drinking straw	une paille
and	et	candle	une bougie	driver	le chauffeur
ankle	la cheville	canoe	un canoë	drop	laisser tomber
anteater	un fourmilier	car	la voiture	drums	les tambours(m)
April	avril	carriage	un wagon	dry	sec/sèche
arm	le bras	caravan	une caravane	duck	un canard
armchair	le fauteuil	card	la carte	duvet	la couette
artist	un artiste	carry	porter		
astronaut	l' astronaute	castle	le château	eagle	un aigle
August	août	cat	le chat	ear	une oreille
autumn	l' automne(m)	catch	attraper	easel	un chevalet
		cave	une grotte	easy	facile
baby	le bébé	cement mixer	une bétonnière	eat	manger
back	le dos	chair	une chaise	editor	un rédacteur
bag	un sac	cheek	la joue	elbow	le coude
ballet dancer(f)	une danseuse de ballet	chest	la poitrine	empty	vide
balloon	le ballon	child	l' enfant	evening	le soir
(hot air)	une montgolfière	children	les enfants	eye	un œil
band	l' orchestre	chimney	la cheminée	eyes	les yeux
bandage	le pansement	chin	le menton		
bar of chocolate	une tablette de	church	une église	face	la figure
	chocolat	cinema	le cinéma	factory	une usine
barn	la grange	clean	propre	far	loin
bat	une chauve-souris	cliff	une falaise	farmer(f)	la fermière
bath	la baignoire	climb	grimper	farmyard	la cour de ferme
bathing suit	le maillot de bain	cloak	une cape	father	un père
bathroom	la salle de bains	clock	la pendule	February	février
beach ball	un ballon de plage	cloud	un nuage	field	un champ
beach hut	une cabine	clown	le clown	finger	le doigt
beaker	le gobelet	cock	un coq	fire station	la caserne des pompiers
beard	la barbe	cold	froid(e)	firefighter	un pompier
bed	le lit	collar, dogs	le collier	fish	un poisson
bedroom	la chambre	comb	le peigne	fisherman	un pêcheur
bee	une abeille	computer	un ordinateur	fishing rod	la canne à peche
behind	derrière	control tower	une tour de contrôle	flag	le drapeau
belt	la ceinture	cooker	la cuisinière	flats	un immeuble
bench	le banc	cottage	la chaumière	floor	le plancher
beside	à côté de	cowshed	l' étable(f)	flowerbed	une plate-bande
bicycle	un vélo	crab	le crabe	follow	suivre
big	grand(e)	cracker	le diablotin	food	la nourriture
bird	un oiseau	crisps	les chips	foot	le pied
biscuit	un biscuit	cry	pleurer	football	le ballon de football
blackboard	un tableau	curtain	le rideau	fork, garden	une fourche
bonnet (car)	le capot	customer	un client	fox	le renard
book	un livre	cyclist	le (la) cycliste	Friday	vendredi
bookcase	la bibliothèque			full	plein(e)
bottle	la bouteille	daffodil	une jonquille		
bow	le nœud	daughter	la fille		
bowl	le bol	day	un jour	garage	le garage
box	la boîte	dead	mort(e)	garden	le jardin
boy	un garçon	December	décembre	gate	la barrière
break	casser	deck-chair	un transat	giraffe	une girafe
bricks (toys)	les cubes(m)	deep	profond(e)	girl	une fille
bridge	le pont	deer	un cerf	glass	un verre
broom	un balai	diary	un journal	glider	un planeur
brother	un frère	difficult	difficile	gloves	les gants
bucket	un seau	dirty	sale	goal	le but
bull	le taureau	doctor	un médecin	goat	une chèvre
bus	un autobus	dog	le chien	Goodbye	Au revoir

40

goose	l' oie(f)	lemon	un citron	patient (hospital)	le/la malade
greenhouse	une serre	leopard	un léopard	pavement	le trottoir
guitar	la guitare	life-belt	une bouée de sauvetage	pelican	un pélican
		lifeguard	le maître-nageur	penguin	un pingouin
hair	les cheveux(m)	lighthouse	un phare	petrol station	la station-service
hairbrush	une brosse à cheveux	lion	un lion	piano	un piano
hamburger	le hamburger	lioness	une lionne	pick up	ramasser
hand	la main	listen	écouter	picture	un tableau
handkerchief	un mouchoir	litterbin	une poubelle	pig	le cochon
hang	suspendre	little	petit(e)	pillow	l' oreiller(m)
hanger	le cintre	locomotive	la locomotive	pilot	le pilote(m/f)
hard	dur(e)	lollipop	une sucette	plant	la plante
hat	un chapeau	long	long(ue)	plate	l' assiette(f)
he	il	look for	chercher	play	jouer
head	la tête	lorry	un camion	please	s'il vous plaît
hedge	la haie	low	bas/basse	plough	une charrue
helicopter	l'hélicoptère (m)			pocket	une poche
Hello	Bonjour	man	un homme	polar bear	un ours blanc
helmet	le casque	March	mars	pony	le poney
hen	la poule	mask	un masque	porcupine	un porc-épic
henhouse	le poulailler	May	mai	pour	verser
high	haut(e)	microphone	le microphone	present	le cadeau
hill	une colline	mirror	le miroir	private	privé
hit	frapper	Miss	Mademoiselle	puddle	une flaque d'eau
hold	tenir	mobile	le mobile	pull	tirer
hood	la capuche	Monday	lundi	pullover	le pullover
horse	un cheval	monkey	un singe	puppet	la marionnette
hosepipe	un tuyau	month	le mois	puppy	le chiot
hot	chaud(e)	moon	la lune	push	pousser
hotel	un hôtel	morning	le matin	pyjamas	un pyjama
hour	l'heure (f)	mother	la mère		
house	la maison	motor bike	une moto	rabbit	un lapin
hovercraft	un aéroglisseur	motor boat	une vedette à moteur	radio	la radio
hunger	faim	motorway	une autoroute	railing	la grille
		mountain	une montagne	railway line	la voie ferrée
I	je	mouth	la bouche	rain	la pluie
ice cream	une glace	Mr	Monsieur/M.	rainbow	un arc-en-ciel
iceberg	un iceberg	Mrs	Madame/Mme	raincoat	l' imperméable
in front of	devant	music	la musique	read	lire
inside	dedans			record	le disque
into	dans	naughty	méchant(e)	record player	le tourne-disque
island	une île	near	près de	reins	les rênes(f)
		neck	le cou	rhinoceros	un rhinocéros
January	janvier	new	neuf/neuve	right	la droite
jigsaw	le puzzle	nightdress	la chemise de nuit	river	une rivière
jockey's cap	la casquette de jockey	night	la nuit	road	la chaussée
jockey	le jockey	Noah's ark	l'arche de Noé	rock	le rocher
jogger	un joggeur	nose	le nez	roller skates	les patins à roulettes
July	juillet	November	novembre	roof	le toit
jump	sauter	obedient	obéissant(e)	rowing-boat	un bâteau à rames
June	juin			rug	la carpette
		October	octobre	run	courir
kangaroo	un kangourou	oil tanker	le pétrolier		
kitchen	la cuisine	old	vieux/vieille	saddle	une selle
kite	le cerf volant	on	sur	sail	une voile
knee	le genou	open	ouvert(e)	sailor	un marin
knight	un chevalier	open, to	ouvrir	sand	le sable
koala	un koala	ostrich	une autruche	sand pit	un bac à sable
		out of	hors de	sandwich	un sandwich
ladder	une échelle	outside	dehors	sand-castle	un château de sable
lamb	un agneau	over	par dessus	satchel	le cartable
lamp post	un réverbère	overcoat	le manteau	Saturday	samedi
lantern	une lanterne	owl	le hibou	saucepan	la casserole
lavatory	les toilettes			scarecrow	un épouvantail
lawn	la pelouse	paddle	une pagaie	scarf	une écharpe
lawnmower	une tondeuse	paintbrush	le pinceau	sea	la mer
lead	une laisse	paint	la peinture	seagull	une mouette
leaf	une feuille	palette	la palette	seasons	les saisons
lean	s'appuyer	palm tree	un palmier	seaweed	les algues (f)
left	la gauche	paper hat	le chapeau en papier	seesaw	une bascule
leg	la jambe	parrot	un perroquet	September	septembre
		path	une allée	shallow	peu profond(e)

she	elle
sheep	un mouton
shelf	le rayon
shell	le coquillage
ship	un navire
shirt	la chemise
shoe	une chaussure
shopkeeper	le marchand
short	court(e)
shoulder	l' épaule(f)
shout	crier
shower	la douche
signpost	le poteau indicateur
singer	une chanteuse/un chanteur
sister	la sœur
sit	s'asseoir
sitting-room	le salon
skip	sauter à la corde
skipping rope	la corde à sauter
skirt	la jupe
sky	le ciel
skyscraper	le gratte-ciel
sleep	dormir
slide	le toboggan
slipper	une pantoufle
sloth	un paresseux
slow	lent(e)
smile	sourire
snake	un serpent
snow	la neige
snowman	le bonhomme de neige
socks	les chaussettes
sofa	un canapé
soft	doux/douce
soldier	un soldat
sour	acide
spade	une pelle
spider	une araignée
spinning top	la toupie
spoon	la cuillère
spring	le printemps
squirrel	un écureuil
stage	la scène
staircase	un escalier
stand	être debout
station	la gare
statue	une statue
steering wheel	le volant
stethoscope	le stéthoscope
stomach	l' estomac(m)

stool	le tabouret
straight ahead	tout droit
summer	l' été(m)
sun	le soleil
Sunday	dimanche
sunglasses	les lunettes de soleil
supermarket	le supermarché
surfboard	la planche de surf
surfer	un surfeur
sweet	doux/douce
swimming pool	la piscine
swing	une balançoire
table	la table
tail	la queue
talk	parler
teacher	le professeur(m/f)
tear	déchirer
teddy bear	un nounours
teeth	les dents(f)
telephone box	une cabine-téléphonique
television	la télévision
tent	une tente
thank you	merci
they	ils
think	penser
thirst	soif
through	à travers
throw	lancer
thumb	le pouce
Thursday	jeudi
tie	une cravate
tiger	un tigre
tights	le collant
today	aujourd'hui
toe	l' orteil(m)
tomorrow	demain
tongue	la langue
torch	la lampe de poche
tortoise	une tortue
town centre	centre ville
toy box	la boîte à jouets
tractor	un tracteur
traffic	la circulation
train	le train
tree	un arbre
tricycle	le tricycle
trousers	le pantalon
trowel	une truelle
trunk	le tronc

Tuesday	mardi
tunnel	un tunnel
tyre	un pneu
umbrella	un parapluie
umbrella (sun)	un parasol
under	sous
up	en haut
van	une camionnette
very	très
village	le village
waitress	une serveuse
wall	le mur
wardrobe	une armoire
warm	chaud(e)
washbasin	le lavabo
wastepaper basket	la corbeille à papier
watch (vb)	regarder
wave	une vague
we	nous
Wednesday	mercredi
week	une semaine
weight	un haltère
wellies	les bottes
wet	mouillé(e)
wheel	une roue
wheelbarrow	une brouette
when?	quand?
where?	où?
whistle	un sifflet
why?	pourquoi?
wife	l' épouse(f)
wind	le vent
windmill	un moulin
window	une fenêtre
windscreen	le pare-brise
winter	l' hiver(m)
with	avec
without	sans
wolf	un loup
woman	une femme
wood	un bois
word	un mot
write	écrire
yacht	un voilier
year	un an/une année
yesterday	hier

Français — Anglais

acide	sour
à côte de	beside
à travers	through
une abeille	bee
un acteur	actor
une actrice	actress
un aéroglisseur	hovercraft
un aéroport	airport
un agneau	lamb
un aigle	eagle
les algues	seaweed
une allée	path
un an	year
une année	
un âne	donkey
une antenne	aerial

août	August
l'appareil – photo	camera
l' après-midi	afternoon
une araignée	spider
un arbre	tree
un arbuste	bush
l'arche de Noé	Noah's ark
un arc-en-ciel	rainbow
une armoire	wardrobe
un arrosoir	watering-can
un artiste/une artiste	artist
l' assiette(f)	plate
l' astronaute	astronaut
attraper	catch
Au revoir	Goodbye
aujourd'hui	today

un autobus	bus
l' automne(m)	autumn
une autoroute	motorway
une autruche	ostrich
avec	with
un avion	aeroplane
avril	April
un bac à sable	sand pit
la baignoire	bath
un balai	broom
une balançoire	swing
le ballon	balloon
le ballon de football	football
un ballon de plage	beach ball
le banc	bench

la barbe	beard
une barrière	gate
bas/basse	low
un bateau à rames	rowing-boat
un batteur électrique	food mixer
le bébé	baby
la bêche	spade
une bétonnière	cement mixer
une péniche	barge
la bibliothèque	bookcase
un biscuit	biscuit
boire	drink
un bois	wood
la boîte	box
la boîte à jouets	toy box
le bol	bowl
le bonhomme de neige	snowman
Bonjour	Hello
les bottes	wellies
la bouche	mouth
une bougie	candle
une bouteille	bottle
le bras	arm
une brique	brick
une brosse à cheveux	hairbrush
une brouette	wheelbarrow
le but	goal
une cabine	beach hut
une cabine-téléphonique	telephone box
cacher, se	hide
le cactus	cactus
le cadeau	present
un café	cafe
une cage à poules	climbing frame
le caleçon	underpants
un camion	lorry
une camionnette	van
le canal	canal
un canapé	sofa
un canard	duck
un canoë	canoe
la canne à pêche	fishing rod
une cape	cloak
la capot	bonnet (car)
la capuche	hood
une caravane	caravan
la carpette	rug
le cartable	satchel
la carte	card
la caserne des pompiers	fire station
le casque	helmet
casser	break
la casserole	saucepan
la ceinture	belt
centre ville	town centre
un cerf	deer
le cerf – volant	kite
une chaise	chair
la chambre	bedroom
un chameau	camel
un champ	field
un chanteur/une chanteuse	singer
un chapeau	hat
le chapeau en papier	paper hat
une charrue	plough
le chat	cat
le château	castle
un château de sable	sand-castle

chaud(e)	warm/hot
le chauffeur	driver
la chaumière	cottage
la chaussée	road
les chaussettes	socks
une chaussure	shoe
une chauve-souris	bat
la chemise	shirt
la chemise de nuit	nightdress
chercher	look for
un cheval	horse
un chevalet	easel
un chevalier	knight
la cheville	ankle
une chèvre	goat
les cheveux(m)	hair
un chien	dog
le chiot	puppy
les chips	crisps
le ciel	sky
le cinéma	cinema
le cintre	hanger
la circulation	traffic
un citron	lemon
un client/une cliente	customer
le clown	clown
le cochon	pig
le col	collar
le collant	tights
une colline	hill
un conducteur	engine driver
un coq	cock
le coquillage	shell
la corbeille à papier	wastepaper basket
la corde à sauter	skipping rope
le cou	neck
le coude	elbow
la couette	duvet
un coup de pied	kick
la cour de la ferme	farmyard
courir	run
court(e)	short
la cowgirl	cowgirl
le crabe	crab
une cravate	tie
crier	shout
les cubes(m)	bricks
la cuillère	spoon
la cuisine	kitchen
un cuisinier	cook
la cuisinière	cooker
le/la cycliste	cyclist
dans	into
une danseuse de ballet	ballet dancer
un dauphin	dolphin
décembre	December
déchirer	tear
dedans	inside
dehors	outside
demain	tomorrow
les dents(f)	teeth
derrière	behind
devant	in front of
le diablotin	cracker
difficile	difficult
dimanche	Sunday
le disque	record
le doigt	finger
les dominos	dominos
dormir	sleep
le dos	back

la douche	shower
doux/douce	sweet
doux/douce	soft
le drapeau	flag
la droite	right
dur(e)	hard
une écharpe	scarf
l'échelle	ladder
écouter	listen
écrire	write
un écureuil	squirrel
une église	church
un(e) élève	pupil
elle	she
en bas	down
en haut	up
l'enfant	child
les enfants	children
l'épaule(f)	shoulder
l'épouse(f)	wife
un épouvantail	scarecrow
un escalier	staircase
l'estomac(m)	stomach
et	and
l'étable(f)	cowshed
l'été(m)	summer
être debout	stand
excusez-moi	excuse me
facile	easy
faim(f)	hunger
une falaise	cliff
le fauteuil	armchair
une femme	woman
une fenêtre	window
fermé(e)	shut
la fermière	farmer(f)
une feuille	leaf
février	February
la figure	face
une fille	girl
la fille	daughter
une flaque d'eau	puddle
une fourche	fork
un fourmilier	anteater
frapper	hit
un frère	brother
froid(e)	cold
les gants	gloves
le garage	garage
un garçon	boy
la gare	station
le gâteau	cake
la gauche	left
le genou	knee
une girafe	giraffe
une glace	ice cream
le gobelet	beaker
grand(e)	big
la grange	barn
le gratte-ciel	skyscraper
la grille	railing
grimper	climb
une grotte	cave
la guitare	guitar
la haie	hedge
un haltère	weight
le hamburger	hamburger
haut(e)	high
l'hélicoptère	helicopter

l'heure(f)	hour
le hibou	owl
hier	yesterday
l' hiver(m)	winter
un homme	man
hors de	out of
un hôtel	hotel
un iceberg	iceberg
il	he
une île	island
ils	they
un immeuble	flats
l' imperméable	raincoat
la jambe	leg
janvier	January
le jardin	garden
je	I
jeudi	Thursday
une jeune fille	girl
le jockey	jockey
un joggeur	jogger
une jonquille	daffodil
la joue	cheek
jouer	play
le joueur de football	footballer
un jour	day
un journal	diary
juillet	July
juin	June
la jupe	skirt
un kangourou	kangaroo
un koala	koala
une laisse	lead
laisser tomber	drop
la lampe de poche	torch
lancer	throw
la langue	tongue
une lanterne	lantern
un lapin	rabbit
le lavabo	washbasin
lent(e)	slow
un léopard	leopard
un lion	lion
une lionne	lioness
lire	read
un lit	bed
les lits superposés	bunk
un livre	book
la locomotive	locomotive
loin	far
long(ue)	long
un loup	wolf
lundi	Monday
la lune	moon
les lunettes de soleil	sunglasses
le maçon	builder
Madame	Mrs
Mademoiselle	Miss
mai	May
la main	hand
mais	but
la maison	house
la maison de poupée	doll's house
le maitre-nageur	lifeguard
la malade	patient
manger	eat
le manteau	overcoat
le marchand/	shopkeeper
la marchande	

mardi	Tuesday
un marin	sailor
la marionnette	puppet
mars	March
un masque	mask
le matin	morning
méchant(e)	naughty
un médecin	doctor
le menton	chin
la mer	sea
merci	thank you
mercredi	Wednesday
la mère	mother
le microphone	microphone
le miroir	mirror
le mobile	mobile
le mois	month
Monsieur	Mr
une montagne	mountain
une montgolfière	balloon
mort(e)	dead
un mot	word
une moto	motor bike
un mouchoir	handkerchief
une mouette	seagull
mouillé(e)	wet
un moulin	windmill
un mouton	sheep
le mur	wall
la musique	music
un navire	ship
la neige	snow
neuf/neuve	new
le nez	nose
le noeud	bow
un nounours	teddy bear
la nourriture	food
nous	we
novembre	November
un nuage	cloud
la nuit	night
obéissant(e)	obedient
octobre	October
un œil	eye
l' oie(f)	goose
un oiseau	bird
l' orchestre	band
l' ordinateur(m)	computer
l' oreille(f)	ear
l' oreiller(m)	pillow
l' orteil(m)	toe
oú?	where?
un ours blanc	polar bear
ouvert(e)	open
ouvrir	open
une pagaie	paddle
une paille	drinking straw
la palette	palette
un palmier	palm tree
le pansement	bandage
le pantalon	trousers
une pantoufle	slipper
un papillon	butterfly
par dessus	over
un parapluie	umbrella
un parasol	umbrella (sun)
le pare-brise	windscreen
le paresseux	sloth
parler	talk

parmi	among
les patins à roulettes	roller skates
un pêcheur	fisherman
le peigne	comb
la peinture	paint
un pélican	pelican
une pelle	spade
la pelouse	lawn
la pendule	clock
penser	think
un père	father
un perroquet	parrot
petit(e)	little
le pétrolier	oil tanker
peu profond(e)	shallow
un phare	lighthouse
un piano	piano
le pied	foot
le pilote(m/f)	pilot
le pinceau	paintbrush
un pingouin	penguin
la piscine	swimming pool
le plancher	floor
un planeur	glider
la plante	plant
une plate-bande	flowerbed
plein(e)	full
pleurer	cry
la pluie	rain
un pneu	tyre
une poche	pocket
un poisson	fish
la poitrine	chest
un pompier	firefighter
le poney	pony
le pont	bridge
un porc-épic	porcupine
la porte	door
porter	carry
un pot à fleurs	flowerpot
le poteau indicateur	signpost
une poubelle	litterbin
le pouce	thumb
le poulailler	henhouse
la poule	hen
pourquoi?	why?
pousser	push
premier	first
près de	near
le printemps	spring
privé	private
le professeur	teacher
profond(e)	deep
propre	clean
le pullover	pullover
le puzzle	jigsaw
le pyjama	pyjamas
quand?	when?
la queue	tail
la radio	radio
ramasser	pick up
une rame	paddle
le rayon	shelf
un rédacteur/	editor
une rédactrice	
regarder	watch
le renard	fox
les rênes(f)	reins
un réveil	alarm clock

un réverbère	lamp post	le soleil	sun	le tourne-disque	record player
un rhinocéros	rhinoceros	sourire	smile	tout droit	straight ahead
le rideau	curtain	sous	under	un tracteur	tractor
une rivière	river	la station-service	petrol station	le train	train
une robe	dress	une statue	statue	un transat	deck-chair
une robe de chambre	dressing gown	le stéthoscope	stethoscope	très	very
le rocher	rock	une sucette	lollipop	le tricycle	tricycle
une roue	wheel	suivre	follow	le tronc	trunk
		le supermarché	supermarket	le trottoir	pavement
le sable	sand	sur	on	la truelle	trowel
un sac	bag	un surfeur	surfer	un tunnel	tunnel
les saisons	seasons	suspendre	hang	un tuyau	hosepipe
sale	dirty	s'appuyer	lean	tu/vous	you
la salle de bains	bathroom	s'asseoir	sit		
le salon	sitting-room	s'il vous plaît	please		
samedi	Saturday				
un sandwich	sandwich				
sans	without	un tableau	picture	une usine	factory
sauter	jump	une tablette de	bar of chocolate	une vague	wave
sauter à la corde	skip	chocolat		une vedette à moteur	motor boat
la scène	stage	le tabouret	stool	le vélo	bicycle
un seau	bucket	les tambours(m)	drums	vendredi	Friday
sec/sèche	dry	le taureau	bull	le vent	wind
une selle	saddle	le téléviseur	television	un verre	glass
une semaine	week	tenir	hold	verser	pour
septembre	September	une tente	tent	vide	empty
un serpent	snake	la tête	head	vieux/vieille	old
une serre	greenhouse	un tigre	tiger	le village	village
une serveuse	waitress	tirer	pull	vivant(e)	alive
un sifflet	whistle	le toboggan	slide	la voie ferrée	railway line
un singe	monkey	les toilettes	lavatory	une voile	sail
une sœur	sister	le toit	roof	un voilier	yacht
soif	thirst	une tondeuse	lawnmower	une voiture	car
le soir	evening	une tortue	tortoise	le volant	steering-wheel
un soldat	soldier	la toupie	spinning top	un wagon	carriage
		une tour de contrôle	control tower	un zèbre	zebra

Counting, shapes, colours
Compter, formes, couleurs

pink
rose

black
noir

purple
violet

red
rouge

blue
bleu

yellow
jaune

green
vert

brown
marron/brun

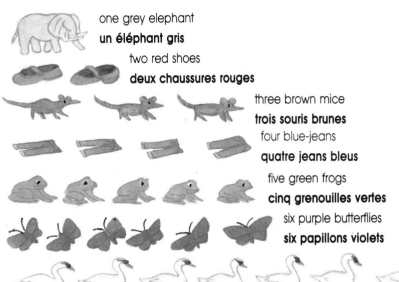

one grey elephant
un éléphant gris

two red shoes
deux chaussures rouges

three brown mice
trois souris brunes

four blue-jeans
quatre jeans bleus

five green frogs
cinq grenouilles vertes

six purple butterflies
six papillons violets

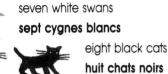

seven white swans
sept cygnes blancs

eight black cats
huit chats noirs

thirty ice creams
trente glaces

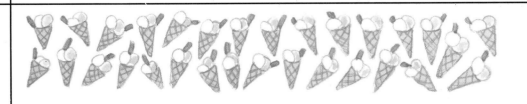

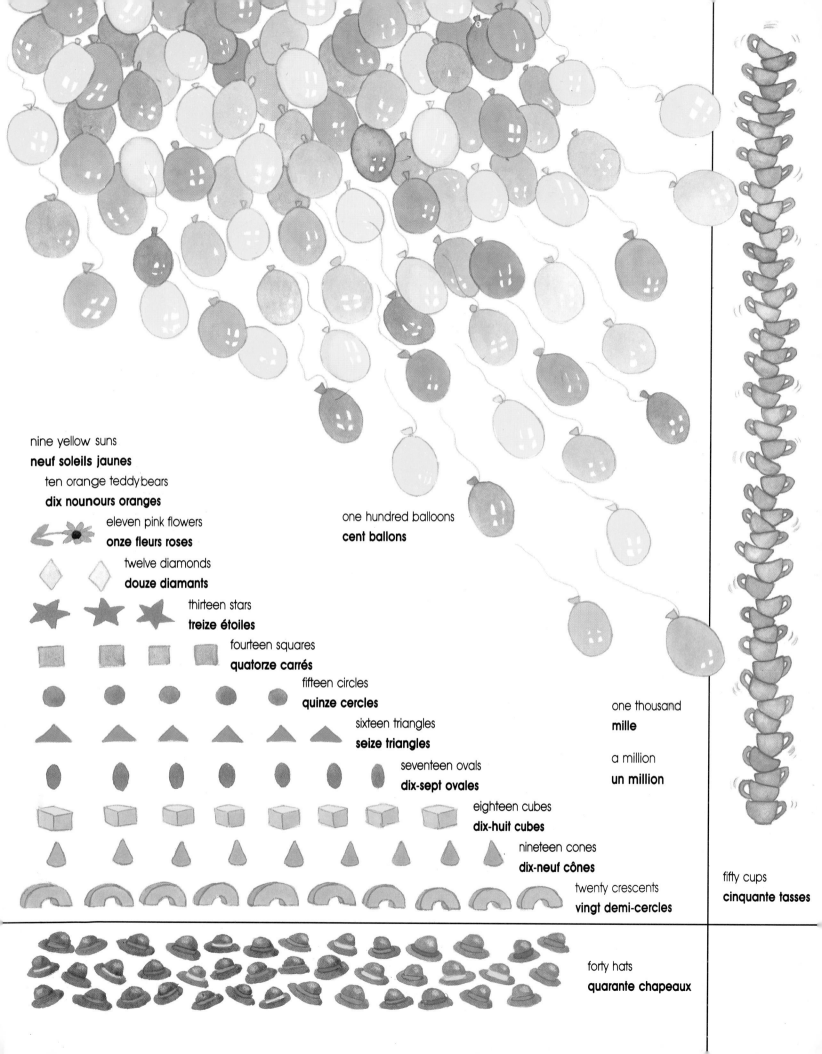

nine yellow suns
neuf soleils jaunes

ten orange teddy bears
dix nounours oranges

eleven pink flowers
onze fleurs roses

twelve diamonds
douze diamants

thirteen stars
treize étoiles

fourteen squares
quatorze carrés

fifteen circles
quinze cercles

sixteen triangles
seize triangles

seventeen ovals
dix-sept ovales

eighteen cubes
dix-huit cubes

nineteen cones
dix-neuf cônes

twenty crescents
vingt demi-cercles

one hundred balloons
cent ballons

one thousand
mille

a million
un million

fifty cups
cinquante tasses

forty hats
quarante chapeaux